Gratamente

Dra. Rosemari Grigsby

Agradecimiento

Reconozco al Espíritu Santo que me ha guiado. Reconozco a Jesucristo, que es mi salvación y por quien he sido redimida. Reconozco a Dios Padre Yahvé, el "Yo soy", el "Alfa y Omega", que vive en mí.

Doy gracias a Dios por reconocer las muchas alabanzas que envío diariamente, y reclamo las muchas bendiciones que la Hueste Celestial tiene reservadas para mí.

Reconozco la semilla de mostaza de la fe que ondea como una ola en un estanque y crece hasta llegar a la orilla.

Reconozco mi viaje a tu corazón por medio de las palabras que me ha dado mi Padre

Que Él te bendiga como a mí.

Contenido

Introducción

En la vida, atravesamos muchos pasajes llenos de pruebas y tribulaciones, pero siempre hay luz al final del túnel. Sólo tenemos que tender la mano, abrir el corazón y la mente para ser receptivos al amor y la fe que yacen en nuestro interior.

Tanto el amor como el dolor son universales; por lo tanto, ambos los sentimos todos.

Todos estamos en el aula de la vida en la que nadie suspende -simplemente hacemos el examen de nuevo- sabiendo que el amor de Dios es el maestro, y a través de la Gracia, venceremos.

Cada prosa de este libro se abre con una nueva experiencia y termina con un rayo de Esperanza. Cada prosa es un capítulo de una vida, una historia en sí misma, tal vez tu vida, tal vez tu historia.

Siéntate, lee y piensa en los muchos Ángeles que han tocado tu vida mediante una palabra o un acto en un momento de necesidad. Considera este pequeño libro y sabe que los mensajeros de Dios siempre están cerca.

Gratamente

Capítulo

Uno

Gracia

Cuál es el espacio

entre el bien y el mal

El tiempo entre el día y la noche El

camino de la vida

de la infancia a la edad adulta...

del fracaso al éxito

Ese lugar se llama gracia,

nos brinda a todos la oportunidad

de seguir adelante

y mantener la cabeza alta

y el corazón abierto.

Ese espacio permite el perdón,

cuando todo está dicho y hecho.

La gracia es este lugar,

este espacio en el tiempo

Este refugio de la invención de Dios

Está ahí, por Dios

La gracia no se gana ni se pide

de Dios para todos

La gracia es ese espacio

ese tiempo, ese lugar

La gracia se concede a todos

Yo soy

Soy lo que soy por la Gracia

preciosa Gracia de Dios

dada como prometida gratuitamente

no ganada sino pagada

por mi Señor Jesucristo

Soy lo que me ha sido dado ser

Soy lo que mi Padre quiere de mí,

ser guiado por Él,

no por mí mismo

No soy más que arcilla para ser

moldeada

esclavo de Su espíritu, pero libre.

Gracia, amor, longanimidad,

Jesucristo, por mí.

Soy indigno,

pero hecho digno por la Gracia,

las tiernas misericordias de Yehoshua.

La Luz

Hay trabajo que hacer

por los elegidos

enviados por la Luz

En el vientre materno

Su viaje comenzó

Lleno de sagrada perspicacia.

La lucha de la Oscuridad

soplan vientos malignos

enviados a conquistar la Luz

Pero la Luz sobre la Oscuridad

siempre ganará

La Luz está siempre a la vista.

Aunque el dolor y la lucha

Sigan a la Luz

serán vencidos,

porque la Luz es amor, consuelo

y verdad

y a través de la Luz

Todas las batallas se ganan

Hombre ilimitado

El cielo qué alto llega

un águila Qué alto vuela el hombre

Sin límites, sin tiempo, sin espacio

los caminos ilimitados de su voluntad

quién puede retirar

los dones que se le dieron al principio

que puede controlar el poder ilimitado

de su interior

para hacer realidad cualquier idea

El hombre se refrena a través del

el hombre hecho un poco más bajo,

luego los ángeles del poder de Dios.

Hombre, ¿dónde está su corazón?

Su alma le fue dada

solo para sostener en este espacio,

este lugar y este tiempo,

hombre.

Consciente de un fin

sin pensar en cuándo

su locura le recompensará,

hombre.

Esta oportunidad, esta vez,

este lugar que sea seguro.

el amor la llave

No puedes ver

el poder dentro de ti

para permanecer centrado en la luz.

El amor es el único lugar

de seguridad y paz.

El amor plantado en ti

desde el principio.

Hombre, eres para siempre,

unido al cordón del amor

de tu Creador.

Sólo extiende la mano

y tócate.

el poder del amor

tu Creador,

Todo uno,

todo en ti.

Hombre, tu poder,

tu amor,

ilimitado,

como tu Dios,

ilimitado.

Hombre.

Sentirte

Siento tu valor,

siento tu dolor

veo tus lágrimas

para siempre en mi mente

Me siento tan impotente

Con toda esta lluvia,

¿Alguna vez volveremos a ver el sol?

En medio de la noche

Oigo tus gritos

Me despiertan

Me siento tan impotente, con toda esta

lluvia

Ángel de misericordia, brilla

Me siento tan impotente, todo este

dolor

Ángel de misericordia, por favor brilla

Caliéntanos

con tu paz interior

amor y fuerza

ayúdanos

A recomponer todo.

Ángel de misericordia

Sana estos corazones y mentes

Ángel de la misericordia, por favor

brilla

Tiempo

La fe sólo tiene una vez

AHORA

el tiempo nos sirve

AHORA

el tiempo fue hecho para nosotros

En el principio

pero no nos espera

así que debemos usarlo sabiamente

y rápidamente

AHORA

es precioso e irremplazable

end

nuestro Hacedor no tiene principio ni

fin

amor fe eterna usa el tiempo

AHORA

fe

sabiendo que todo es posible

en el tiempo

Las palabras de nuestro Padre siempre

se cumplirán a

TIEMPO

Capítulo

Dos

Dijiste

Dijiste "larga vida de salvación".

Dijiste "ciudades de oro".

Dijiste, "sin dolor ni pena".

Dijiste que estarías allí

para sostener

Por ti, soy libre

Porque tú estás en mí,

Mis problemas son tuyos

Tú eres mi fuerza

Todas las batallas están ganadas

A través de ti, soy libre

Dondequiera que esté.

Dijiste, "vengan todos los que trabajan".

Dijiste: "hallad descanso en mí".

Dijiste, "no temáis; yo estoy con vosotros".

Tú dijiste que eres todo lo que necesito

Jesucristo, Señor y Salvador

Dijiste, "hágase tu voluntad".

El espíritu del amor

Amor ❤ El espíritu o el género,

¿cuál ves primero?

¡El verdadero amor perdura a través

del tiempo a través del ser físico a

través de la luz espiritual!

El amor es la respuesta sin fin la única

clave para la felicidad eterna y la paz.

Ninguna forma o género puede detener

el flujo abrumador del amor verdadero.

El amor lo conquista todo el amor lo

toca todo

el amor todo lo cura

el amor lo salva todo

La lujuria nunca es un problema

porque el amor no tiene género

Arreglarlo

A veces debemos mirar atrás o

incluso volver atrás

para abotonar un agujero o enderezar

un pliegue, para que nuestra vida esté

ordenada y pulcra

Una tarea olvidada

o una palabra fuera de lugar

dejadas desatendidas pueden

arrastrarse,

a lo largo de los años, podrían crecer

y causar lágrimas

Pensamos que nunca lloraríamos

Ahora dormir es bueno,

pero cada noche antes de dormir,

pídele a Dios que nos deje ver

el día que acabamos de pasar

con compasión para durar,

hasta el día siguiente para

arrepentirnos y repetir

con bondad pasada por alto,

mientras esperamos la oportunidad de

arreglarlo

o remendarlo de verdad.

Con expresión piadosa, amor y

compasión entonces

Ese defecto nunca volveremos a

encontrar

Hoy

Hoy he sentido el viento

contra mi cara

Olí el aire, su frescura

se había borrado de mi memoria

La luz del sol cálida y brillante

lastimaba mis ojos, un dolor agradable

Entrecerré los ojos y sonreí

Podría terminar, la tormenta,

la lluvia, el verdadero dolor de mi vida

o sólo la luz

al final de la oscuridad

otra vuelta en el laberinto de la vida

esta vida dada sin pedir

¡¡¡¡¡esta vida !!!!! ¿Estoy realmente haciendo

lo mejor que puedo?

Padre ayúdame

a ser libre

Abraza mi espíritu

Transforma mi corazón

Y quédate conmigo

Gritos de libertad

Mi alma clama

ser libre

Prisionera está donde

No quiere estar

No tiene control

sobre los miembros de este recipiente

Está atrapado

y anhela ser libre

Pide a gritos ayuda

para domar a esta bestia de la

la codicia no caerá

por su propia

necesidad egoísta

Mi alma clama

para hacer el bien y el derecho

entonces esa bestia mundana

aparece de la nada

Robar y matar

la voluntad del justo yo

que mi alma ha jurado ser

Mi Padre me ayudará

Sólo necesito gritar

Su nombre

Así que mi alma clama

Jesús

Alas

Si me crecieran alas

Y volara

Me dirigiría directo al cielo

El calor del sol

el misterio de las estrellas

le diría adiós a la luna.

Si me crecieran alas

vería cosas maravillosas

toda la creación de Dios

Formada por su amor,

El polvo que fuimos,

Los mares, las montañas, los terrenos.

Si me crecieran alas

Visitaría esta tierra y

El cielo sería mi hogar.

La libertad del viento,

el amor de Dios, viéndole

sentado en Su trono,

me mantendría asombrado

sólo el tiempo suficiente, entonces

Iría a todos los demás y cantaría,

Alabanzas y gloria, todos hemos oído

En historias y decirles que es Verdad,

tan maravillosamente cierto

Está ahí tal como está escrito

Esperando por ti

Sálvame

A ti clamo, padre ayúdame a ser libre

abraza mi espíritu, transforma mi

corazón, luego quédate conmigo

Capítulo

Tres

Favor

El favor de Dios descanse sobre ti

Él es para ti te hizo

y te espera con los brazos abiertos.

Él no es para ti por lo que vas a ser

O por lo que fuiste Su favor está en ti.

Él es un padre amoroso, que está por

ti,

Su favor, descansa sobre ti,

Su espíritu vive dentro de ti, te ama,

Su favor, descanse sobre ti.

El Camino

El camino

Lo que es

Lo que fue

Lo que será

Hoy

Mañana

Para siempre

La roca

Para siempre

La luz

Jesús

El Premio

Emprendí un viaje en busca de mí

tratando de ser todo

lo que el mundo creía que debía ser

Lo intenté y lo intenté pero

no había fin

para llenar el agujero

En el que el mundo me metió

Entonces, finalmente, supe

Nunca me encontraría

Nunca daría lo que el mundo

quería de mí

Ese pensamiento

me hizo llorar

Entonces empecé a darme cuenta de

que

estaba bien estar perdido

de la manera más iluminada.

Perdido en Su sombra

perdido en Su amor

Perdido en la verdad de lo que viene

De lo alto.

Dios nos ama y nos lleva

a ver el torrente de luz

Que da amor eternamente.

Perdidos en Su gloria

perdidos en Su paz,

perdidos en Cristo,

Que murió por ti y por mí.

Así que no te prives de este don

dado gratuitamente

No se requiere ningún trabajo

Él nos ama tanto

No te pierdas el Premio

debido a ojos mundanos

Este regalo es eterno y tuyo

Sólo por pedirlo

El Amor en la Verdad

Nunca supe lo que podía hacer

para tocarte desde lejos

Nunca pensé

Que las cosas que compré

serían reliquias olvidadas

del amor extraviado

de un corazón que no aprendió

a buscar el amor en la verdad

El amor, en verdad, que nunca conocí

aunque

Vi a través de ti

Tu corazón estaba protegido

Por un parche, pensaste

que te curaría

El amor, en verdad, estaba fuera de la

vista

Y creo que sabías

La luz del día enviará un rayo

de poder para curar

Luego sellarlo

Sólo mueve el parche

Y confía en la luz

Deja que el amor en verdad lo

demuestre

El Poder Interior

Se levantó un gran vendaval

Y golpeó mi barco de tal manera

que se debilitó hasta el punto

de casi la destrucción.

Mientras el Espíritu Santo dormía

dentro de mi alma, esperando

a ser convocado por mi voluntad

grité,

"¿No te importa que perezcamos?"

La respuesta fue: "¿No te importa?"

¿Dónde está tu fe?

¿Invocas tu poder?

Está aquí dentro,

Reprende la tormenta

Y alaba al Padre,

Levántate en tu fe,

Tu poder está dentro

La victoria está en tu mano.

Sé que Él me escucha

Sé que Él me escucha

desde el cosmos más profundo del
universo

desde mi principio que terminará en
sus brazos

sé que siente

mi alegría

mi dolor

mi confusión

y me da

resolución para la paz

y amor

desde arriba todo alrededor

nunca perdido

Graciously

siempre se encuentra sentado

en la bruma de su amor

estando quieto y sabiendo que él es mi

Dios de verdad

Capítulo

Cuatro

Obra maestra

Cómo es que las estrellas parecen

yacer sobre mi césped

brillando a la luz de la luna

en esta crujiente noche de invierno

Los árboles vestidos de blanco nupcial

como una novia tan elegante

iluminados contra el cielo

El artista de esta escena

debe ser verdaderamente un Maestro

Quién sino un Maestro podría concebir

tal perfección con tanta facilidad,

esta obra maestra que brilla

en la noche

esta obra maestra

que trae a mis ojos

tal deleite

Esta obra maestra

el artista, mi Maestro, en verdad

Este título

Este título alrededor de mi cuello

una historia de amor que se agrió

Cuanto más me esfuerzo

más pesada se vuelve la carga de mi

trabajo

La red de deberes que me han sido

dados

realizadas una vez tan amorosamente

han agobiado mi mente,

cuerpo y alma

Ahora es amor convertido en odio

y no sé cómo escaper

He trabajado toda mi vida para

mantenerme a flote

pero ahora quiero saltar

de este barco

Mira ese pájaro sentado en su nido

no trabaja, ni siembra

come, duerme, vuela y descansa.

¿Quién le proporciona este lujo?

¿Debo hacer una petición para que él

que me ayude?

Su yugo es fácil, por lo que he leído

Él llama a descansar a todos los que

trabajan

En Él podría ser, que Él

me abrirá camino

Él lo hará

Escrito está

Miel

La miel es lo que hace que las abejas

zumben alrededor de la flor.

La miel es la dulzura

que hace que el hombre

cruce los mares en busca del amor

sí esa dulzura de la miel

La miel es la suavidad

delicadeza que siente

por la brisa de verano en los árboles

cuando las hojas flotan

hasta el suelo

un aterrizaje perfecto con facilidad

Cariño, las nubes de muchas formas

y tamaños

pasando de la tierra al mar

Miel, el dulce amor

el brillo dorado

cuando la luz refleja sus rayos

Miel, el brillo natural de Dios

su amor fluyendo

Miel es Su toque Su Espíritu

Su dulce amor.

Así espero

En mi angustia busco la serenidad,

pero no la encuentro.

En mi angustia busco, busco y

nada me consuela

por mucho tiempo.

En mi angustia pido

un hombro, una mano, una señal

de algún tipo, para mostrar

que no estoy solo.

En mi angustia,

mi angustia solitaria de existir,

mientras busco la paz interior,

el propósito, la razón de ser,

el mapa que debo recorrer para ser

libre,

para salir de este estado de ánimo.

Mi espíritu busca a su creador,

mi cuerpo busca a su semejante.

En ningún hombre he encontrado

descanso,

ni una respuesta que ponga fin a mi

búsqueda

de anhelar el calor

del nido al que vuelan las águilas

en lo alto del cielo.

La búsqueda de la paz,

de las flores en primavera,

el cálido resplandor del sol

acariciando,

acariciando mi cara, y

El dulce fluir de los vientos

contra todo mi ser,

trayendo consigo la fragancia

de primavera, verano, otoño,

o incluso del invierno, pues todos

saben

su propósito aquí, menos yo.

Ni idea de lo que debo hacer.

Esta es mi angustia,

porque no puedo eludir un lugar

seguro.

Escucho pero no oigo

una voz que me guíe.

Grito, pero sólo

mi eco vuelve.

Tal vez estoy en el lugar equivocado

el momento equivocado

tal vez deba esperar

hasta ser redimido por mi creador

a través de un plan secreto

Así espero

Vida

Ven a bailar conmigo o

Pasaré de ti

Ven a bailar conmigo ahora

porque no tengo tiempo para esperar

Baila conmigo rápido

otros quieren beber de mí

y llenarse

Baila conmigo, date prisa

sólo tienes una oportunidad

agárrame antes de que te pase de largo

Ven a bailar

mi musica es dulce amarga

si pero lo dulce sazona lo amargo

a una mezcla de perfección

Baila, la banda sigue tocando

la melodía es interminable

Toma este baile, esta oportunidad

¡¡¡Ven!!! Baila

el baile de la vida

Capítulo

Cinco

Pasa

No soy alto y esbelto

No soy joven y tierno

Sólo mi corazón es tierno

pero guardado

por la estación del conocimiento

No soy elegante y pulido

No soy un erudito

según los criterios humanos

pero conozco la palabra de mi Señor

No soy una baratija que se exhibe

para jugar a los juegos del mundo

aparentando

de la multitud

Pero mis modales apaciguarán

la tormenta del descontento

y calmará la furia

de mentiras decepcionantes

contadas por ojos mundanos

Graciously

Yo no soy

quien dirige por la fuerza

o la dominación bruta

No soy alguien

que se acuesta y se hace el muerto

ante la injusticia

Tengo los ojos abiertos

mi mente está abierta

mi corazón está abierto

¿No quieres entrar?

Mi Paz

Te envío mi paz

Te envío tiempos pasados

de feliz yo y feliz tú

Te envío, te envío

un pedacito de mi

Para mi estar ahora

no puede ser, asi que

te envío mi paz

Tu futuro puede parecer sombrío

ahora,

Graciously

pero cierra los ojos

sueña despierto con lo que fue

déjate llevar por el ayer

hoy

y al mañana

Sólo hago lo que puedo hacer

y eso es

enviarte mi paz

un latido de mi corazón

un aliento de mi cuerpo

y palabras de mi alma

Aquí y allí estoy

Me ves en los árboles

las hojas

verdes

amarillas

rojas

y marrones

y desnudos sin hojas

primavera

invierno

verano

otoño

Graciously

bendiciones para todos

Polvo de estrellas besado por el sol

calentando los cuerpos

todos

Padre

Creador

Orquestador

dice

Te veo

Te escucho

Te amo

Yo soy El Yo Soy

Mira ve Yo Soy

alrededor

prueba y ve que

Soy bueno

soy yo dentro de ti

mi Amado

Déjame pasar

Enviado por mi Padre

para entrar en este mundo de tristeza

este mundo de pecado

para poner fin

al sufrimiento interior

pero este espíritu no puede encontrar
un hogar

un lugar donde crecer por mucho
tiempo

tanta desesperación

dentro de estos barcos

me empujan fuera, no pueden sentir

no saben dónde

mi viaje comenzó

no sé dónde termina

no encuentro donde entrar

por favor detente un momento

para ayudar a un amigo

que esta aqui de nuevo por favor

dejame entrar

este nacimiento más podría

poner fin

podría salvar un alma

podría llevarla a casa

dame una oportunidad

de brotar y florecer

una oportunidad de acabar

la tristeza de mi hermano

una oportunidad de hacer el trabajo de

mi Padre

Por favor déjame entrar no puedo

desertar

la tarea que se me ha encomendado

de la luz de Dios a la luz del día

del amor de Dios a ti

Gracias

Jesús a mi cabeza,

Jesús a mis pies.

Jesús toca mis manos,

Él satisface todas mis necesidades.

Jesús por la mañana,

Jesús por la noche también.

Jesús alimenta mi cuerpo, mente,

y espíritu también.

No es mío

Este cuerpo tomó prestado,

un buque temporal

Para ser utilizado y cuidado hasta

mi padre me llama a casa

tengo trabajo

tengo lecciones

tengo obras para otros,

todo por hacer

guiado por mi creador, mi padre

Mi señor

este cuerpo,

no importa que tan grande

o que tan pequeño,

que retorcido

o sin extremidades

es perfecto para hacer su voluntad

Recordar

Está escrito

estamos hechos a su imagen

El uno se convirtió en dos.

despertar del sueño de otro lugar,

Otra existencia,

Estas aquí ahora

por la voluntad y gracia de Dios,
nuestro padre,

excepto tu tarea aquí

él te hizo a su imagen

Sé fiel al trabajo práctico de tu padre.

Se fiel a esa imagen

Dios, padre nuestro, el que de verdad
nos ama GÉNEROS sin importar.

El uno se convirtió en dos.

Quizás quedó algún residuo

Pero aún así el uno se convirtió en dos

*Tú y yo tenemos un propósito diseñado
para una tarea.*

*todos tienen una tarea todos los que
nacen*

*Viene a este lugar con un propósito que
sólo tú podrías cumplir.*

*Todo el mundo tiene una tarea y
estamos diseñados exclusivamente para
esa tarea.*

Sin culpa, sin vergüenza, el uno se convirtió en dos.

cumple tu destino Sea bendito aceptando

su amor

Sí ! TÚ eres su obra maestra

SÍ. El uno se volvió dos!!

Jesús, gracias, Jesús

Jesús, gracias, Jesús

alabarte

es todo lo que sé hacer

Invocarte al mediodía

por la mañana, por la noche también

lava mi cara triste

lava mis pecados

abre mi espíritu deja entrar tu gloria

Jesús, gracias, Jesús

Capítulo

Seis

Abba

gentil fuerte

Dentro y fuera

conocerlo

es amarlo

sentir ver

un abrumador

Comodidad y paz

Conocerlo es amarlo

Abba tu creador

te amé primero

Con suficiente amor para difundir

como la miel en todo el universo el

amor atrae buenas vibras deja que el

amor brille a través de tus ojos

Angustia

Hablarlo

escribirlo

Déjalo salir

Déjalo ir. Es todo suyo.

Déjalo ir.

Pasar por alto y tener en cuenta las

palabras y hechos precipitados e

irreflexivos. El amor lo cubre todo.

Sepa que el sol brillará

Deja que alegre tu día

Que el HIJO (palabra de Dios)

Gremio usted día a día

Mantente fuerte en el Señor

Ámate a ti mismo

Él te hizo a su imagen

Él es el alfarero, nosotros somos el barro.

Ser moldeado por sus manos día a día

Pregúntate

¿por qué no sigues Sus instrucciones?

Muchos no han hablado a otros de
Cristo

y cómo pagó el precio final

¿estás viendo las tribulaciones que

estamos golpeando todas las naciones

antigua religión

¿cuál es tu decisión?

nuestro Creador regresa por un pueblo

sin mancha ni arruga

nos limpió

nos reclamó

nos salvó

catástrofes terremoto

tornados

tragedias de todo tipo

como los días de Noé nos han dicho

una cosa es claramente cierto que está

hablando a mí ya ti

no importa lo que otros digan

las palabras de Dios siguen siendo las

mismas

deja ir el yo

deja fluir Su espíritu

Graciously

sabe que Él está aquí y

Para siempre Alfa y Omega

A todos nos lo han dicho

por qué no escuchar

Cada día

Creo que

cada día podría ser tu día para mostrar

amor y bondad

muestra amor y cuidado donde quiera

que vayas

sí cada día y dondequiera que tu

creador te lleve

dondequiera que te lleve dondequiera

que se ordenen tus pasos

dile a todos de tu amor

AHORA

mientras puedas

y tiende siempre la mano a la madre

padre hermana hermano

extraño en la calle

incluso al más desfavorecido

que puedas conocer

Entonces

piensa en esto

Pero por la Gracia de Dios

allá voy

En mi cabeza

En mi cabeza, una figura sin rostro en

la noche se invita a sí mismo a mí, tan

naturalmente, podría sentirse como en

casa

en mi espacio,

mi aura,

mi mundo,

este mundo,

que oculto con tanta seguridad

las elegantes reverencias

las sonrisas vacías

llenas de permanencia

invitando sólo a la sombra de la

realidad para que

esta figura no puede ser

es sólo un fantasma de recuerdos

persistentes del pasado

¿cuánto tiempo puede continuar?

mi sueño, lo llama a mi cama

mi muerte lo llevará a mi tumba.

Sedante

Soy tu sedante

Toma un pedazo de mi

Como quieras

Estoy aquí para que me tomes

A medida que pasa el tiempo

El ciclo de negatividades pasadas

Sólo tú puedes romperlo

Sólo soy un sedante

Alivio temporal

No una solución real

En realidad soy una mentira

La verdad gana

Jesús

la verdad el camino

La luz

de la autora......

Recuerda

*Todos somos espíritus que tienen un
alma,
vivimos en un cuerpo que puede ser
oprimido de vez en cuando,
pero nunca abandonado.*

*Algunas noches pueden caer lágrimas,
pero recuerda siempre que
la alegría llega con el sol de la
mañana.
Mira hacia la luz
y sabe que eres amado.*

*La Gracia de Dios esté contigo
a través de Sus ángeles obedientes.*

El amor lo cubre todo

Pasar por alto y tener en cuenta las palabras y los hechos precipitados e irreflexivos.

el amor lo cubre todo

Sepa que el sol brillará
Deja que alegre tu día

Que el HIJO (palabra de Dios)
Gremio usted día a día

Mantente fuerte en el Señor

Ámate a ti mismo

Él te hizo a su imagen

el es el alfarero

somos la arcilla

Siendo moldeado por sus manos

día a día

El amor lo cubre todo!!!